Walter Blasi, Bernhard Tötschinger

Die k. u. k. Luftfahrtruppen

Walter Blasi, Bernhard Tötschinger

Die k. u. k. Luftfahrtruppen

Zur Geschichte von Österreich-Ungarns „Luftakrobaten“

W-H EDITION WINKLER-HERMADEN

Das Titelbild zeigt eine Albatros B.I 22.01 mit 160-PS-Mercedes-Motor der Fliegerkompanie 1.
In der Mitte mit Hund: Hauptmann Feldpilot Otto Jindra.

Bildnachweis
Die Abbildungen in diesem Buch stammen bis auf wenige Ausnahmen aus der Sammlung von Bernhard Tötschinger.
Die Fotos auf den Seiten 47 und 48 wurden von Manfred Gefing zur Verfügung gestellt, die Abbildung auf Seite 21 stammt von Wikipedia, jene auf Seite 118 ist aus Privatbesitz.

Inh. Ulrich Winkler-Hermaden, Hauptstraße 37, A-2123 Schleinbach
info@edition-wh.at
www.edition-wh.at
Gedruckt in der EU bei Finidr s.r.o.
ISBN 978-3-9504274-6-2

Inhalt

Das Luftfahrtwesen in Österreich-Ungarn

Der Beginn der militärischen Fliegerei „Schwerer als Luft“ in der Donaumonarchie

Der alte Menschheitstraum vom Fliegen – ihm erlagen auch die Menschen im Kaiserreich Österreich auf vielfältige Weise, vom Flugtheoretiker über Konstrukteure von Ballonen und Luftschiffen, Muskelkraft- und Schwingenfliegern, Drachen, Senkrechtstartern und Drehflüglern, Gleit- und Segelflugzeugen bis hin zu Erzeugern von Flugmotoren sowie Herstellern von Propellern und Flugzeuginstrumenten. Und was nicht vergessen werden darf: Österreich-Ungarn stand einst in der Weltrekordliste der Fliegerei nach Frankreich an zweiter Stelle!

Was die militärische Luftfahrt betrifft, hatte das k. u. k. Heer gegen Ende des 19. Jahrhunderts Frei- und Fesselballone eingeführt. 1898 war der erste aeronautische Kurs unter der Leitung eines Zivilisten, nämlich Viktor Silberer, einem führenden Aeronautiker, abgehalten worden. 1903 wurde dann der erste Kommandant der Luftschifferabteilung, Hauptmann Otto Kalab, ernannt. 1904 führte der Artillerieoffizier und spätere Oberst Emanuel Quoika (übrigens ebenso ein begeisterter Automobilist, was bei Fliegern nicht selten der Fall war) Dauer-Ballonfahrten durch. Von 1901 bis 1907 war er auch Lehrer an der Militär-Aeronautischen Anstalt in Wien. 1909 erwarb er einen Blériot-Flugapparat, mit dem er auf der Simmeringer Haide Flüge durchführte, was ihm nicht gerade das Wohlwollen seiner Vorgesetzten eintrug. Nach einem glimpflich verlaufenen Flugzeugabsturz wurde Quoika zum Stabschef des II. Korps zitiert und mit den Worten empfangen: „Wollen Sie Luftakrobat werden oder Artilleriehauptmann bleiben?“ Die Erwiderung, dass der Aeroplan künftig auch militärischen Zwecken dienen dürfte, verwarf der Herr Oberst mit einem: „Das ist lächerlich.“ Offenbar waren ihm die Initiativen „seines“ Generalstabschefs, Franz Conrad von Hötzendorf, entgangen, denn dieser hatte bereits seit 1907 auf einen schnellen Auf- und Ausbau der Aviatik in der Doppelmonarchie gedrängt.

1909 war für die österreichisch-ungarische Militärluftfahrt (beziehungsweise Zivilluftfahrt) ein Markstein. Zunächst entschloss sich das Reichskriegsministerium, Lenkballone in der k. u. k. Armee einzuführen. In Fischamend entstand der Militär-Luftschiffhafen. Dort erfolgte am 26. November die erste Probefahrt des Militärluftschiffes M.I, das über einen 70-PS-Austro-Daimler-Motor verfügte. 1911 fand in Fischamend auch die Erstfahrt des damals größten Lenkballons der Welt statt.

Die Zukunft sollte aber den Flächenflugzeugen gehören. Allerdings nahm die Heeresverwaltung gegenüber den „Schwerer als Luft" zunächst nur eine beobachtende Haltung ein. Man beharrte auf dem Standpunkt, ein Flugzeug für den militärischen Gebrauch erst dann zu beschaffen, wenn ein kriegsbrauchbares und erprobtes Exemplar vorläge.

Das Heer sollte dann auf kuriose Weise zu seinem ersten Flugzeug kommen. Ein ziviles Schauflugunternehmen wollte mit einem in Frankreich erworbenen Farman-Apparat auf dem Überschwemmungsgebiet der Donau die ersten Flüge organisieren. Allerdings war der Motor zu schwach, und die Maschine erreichte nur eine Flughöhe von etwas mehr als einem Meter. Der „Luftsprung" dauerte immerhin vier Minuten, und man legte eine Strecke von über fünf Kilometern zurück. Schließlich wurde der Apparat der Militär-Aeronautischen Anstalt zum Geschenk gemacht und auf das Flugfeld von Wiener Neustadt gebracht, das 1909 von der weitblickenden Stadtgemeinde angelegt worden war und zur Wiege des österreichischen Flugwesens wurde. Es wurde instandgesetzt, doch konnte es nicht flugfähig gemacht werden – die Motorleistung war für das Gewicht des Doppeldeckers zu gering. Trotz dieses Fehlschlages war auch Positives zu vermelden. Die Heeresverwaltung mietete auf der für die zivile Luftfahrt gedachten Einrichtung zwei Hangars als „Militär-Aviatische Station am Steinfeld". Weitere Spenden sollten folgen, unter anderen ein Blériot-Eindecker. Dessen Konstrukteur, der berühmte Franzose Louis Blériot, hatte mit seinen Flügen auf der Simmeringer Haide vor 300.000 begeisterten Wienern dem Motorflug in der Monarchie zum Durchbruch verholfen.

1910 hatte in Wiener Neustadt eine umfangreiche Flugzeugbautätigkeit eingesetzt, und auch so mancher Offizier hatte mit eigenen Mitteln begonnen, Aeroplane zu bauen und fliegen zu lernen. In diesem Jahr legten sechs Offiziere das Diplom des Österreichischen Aeroclubs als Flugzeugführer ab. Der erste Offizier der k. u. k. Armee, der die Pilotenprüfung erfolgreich absolvierte, war Oberleutnant Miecislaus Miller auf seinem eigenen Blériot-Flugzeug.

Einen großen Impuls erhielt das österreichisch-ungarische Flugwesen durch die zahlreichen Flugveranstaltungen des Jahres 1910. Das im September abgehaltene Flugmeeting in Wiener Neustadt wurde sogar von Kaiser Franz Joseph besucht (der im Automobil gekommen war). Der greise Monarch konnte sich von dem in so kurzer Zeit erreichten hohen Stand der österreichisch-ungarischen Aviatik und dem großen fliegerischen Können der Militärpiloten überzeugen. Aber auch Generalstabschef Conrad von Hötzendorf hatte kurz vorher das Flugfeld besichtigt und war als Passagier auf einem Doppeldecker einige Runden mitgeflogen. In der Folge beantragte er neuerlich beim Reichskriegsministerium, die Militäraviatik endlich tatkräftig zu fördern. Conrad schwebten 200 Flugzeuge und die Heranbildung von 400 Militärpiloten vor. Das Kriegsministerium kaufte daraufhin gerade einmal einen Blériot-Eindecker und erließ eine Ausschreibung zur Lieferung von Militärflugzeugen. Noch waren die Zweifler an hohen Stellen über die Verwendung der Aviatik für militärische Zwecke in der Überzahl.

Schließlich erwarb am 2. April 1911 die österreichisch-ungarische Heeresverwaltung ihr erstes Flugzeug, eine bei Lohner gebaute Etrich-„Taube“. Daraufhin wurde in Wiener Neustadt die Flugmaschinen-Instruktionsabteilung (das heißt die erste Militärfliegerschule) unter dem Kommando von Hauptmann Stephan Petróczy von Petrócz aufgestellt. Im Mai 1911 begann der erste Fliegerkurs, an dem 27 Offiziere teilnahmen.

Etrich-„Taube“ VII, ausgestattet mit einem Daimler Dm 65 (PS) Flugmotor. Aufnahme um 1910.

Etrich-„Taube“ über dem Flugfeld Aspern.

Als sich die heereseigenen und privaten Flugzeuge bei den im August und September 1911 abgehaltenen Manövern bestens bewährt und sich die Vorteile gegenüber den Ballonen und Luftschiffen gezeigt hatten, wurde der Erwerb weiterer Maschinen genehmigt.

Maßgebende Kreise waren voll des Lobes gewesen. Der Generalstabschef versicherte in einem Schreiben, „er habe sich von dem unschätzbaren Wert der Aviatik für die höhere Führung überzeugt“. Im September 1911 stellte er überdies eine Reihe von Anträgen zum großzügigen Ausbau der k. u. k. Fliegertruppe.

Lohner-„Pfeilflieger“ Type B „Bella“ im Einsatz an der serbischen Front 1914.

Neben mehreren Eindecker-Etrich-„Tauben“ wurden 1912 auch die ersten Lohner-„Pfeilflieger“-Doppeldecker (der Name leitete sich von der starken Pfeilung der Tragflächen ab) beschafft. Ausschlaggebend dafür könnte die Balkankrise gewesen sein. Ebenso wurde die Pilotenausbildung intensiviert. 1912 wurden 45 Offiziere erstmals auf zwei Flugplätzen, Wiener Neustadt und Görz, ausgebildet. Der k. u. k. Aero-Club begann mit Unterstützung der Presse Geldmittel für eine österreichische Luftflotte zu sammeln. Im April 1912 wurde Oberstleutnant des Geniestabes Emil Uzelac zum Kommandanten der Luftschifferabteilung (wie sie noch immer hieß) ernannt; er sollte diese Funktion bis zum Zusammenbruch

Aviatik C.I 37.11. In der Mitte (ohne Kopfbedeckung) Oberst Emil Uzelac bei der Inspektion der Flik 23D.

der Monarchie im Jahr 1918 behalten. Noch als 45-Jähriger lernte er fliegen. In nur vier Wochen erwarb er das Pilotendiplom, und nach drei Monaten wurde ihm bereits der Titel eines „Feldpiloten“ verliehen. Uzelac verstand es, aus seiner kleinen Truppe das Äußerste an Leistungen herauszuholen.

In der Donaumonarchie begann von Fischamend aus die Errichtung von Flugplätzen sowie der Ausbau und die Ausrüstung von Flug(zeug)parks (1914 wurden diese in Fliegerkompanien umbenannt). Mithilfe der bis 1912 getroffenen Maßnahmen konnte die Entwicklung des Militärflugwesens ab 1913 einen geregelten Gang nehmen. Die Pilotenausbildung erfolgte nunmehr auf vier Flugfeldern (Görz, Fischamend, Wiener Neustadt und Újvidék/Neusatz). Conrad von Hötzendorf drängte aufgrund der bedrohlichen außenpolitischen Lage der Donaumonarchie auf den Ausbau der Fliegertruppe auf der Basis seiner Planungen von 1911. Neben der Pilotenausbildung wurden 1913 auch Beobachterkurse abgehalten. Für Generalstabsoffiziere gab es einen zweiwöchigen Kurs, um ihnen die notwendigen Kenntnisse über die neue Waffengattung zu vermitteln. Die Teilnahme von Fliegern an größeren Übungen war bereits zur Regel geworden. Ab Sommer 1913 wurden funktelegrafische Versuche in Militärflugzeugen unternommen, die allerdings erst zu einem späteren Zeitpunkt brauchbare Erfolge brachten. Man begann auch, die Flugzeugführerausbildung für Unteroffiziere und Chargen zugänglich zu machen, der große Bedarf an Piloten wäre sonst nicht zu decken gewesen.

Allerdings forderte das Flugwesen auch seine Opfer. Das vielleicht berühmteste war Oberleutnant Eduard Nittner, der 1912 von Wiener Neustadt aus über den Semmering nach Graz geflogen war. Er stürzte 1913 bei einem Übungsflug in Fischamend ab und war das zweite Todesopfer der k. u. k. Luftfahrtruppen.

Die schwerste Katastrophe der Fliegerei ereignete sich jedoch im Juni 1914. Ein Farman-Militärflugzeug stieß mit dem Militärluftschiff „M III“ (Körting-Lenkballon) über dem Königsberg in der Nähe von Fischamend zusammen, wobei das Luftschiff in Flammen aufging. Dabei wurde auch das Flugzeug so schwer beschädigt, dass es abstürzte. Insgesamt forderte dieser Vorfall neun Todesopfer. In- und ausländische Flieger, die anlässlich des gerade stattfindenden Asperner Flugmeetings anwesend waren, flogen während der Begräbnisfeierlichkeiten mit ihren Flugzeugen in Ehrenformation über den Wiener Zentralfriedhof. Es war das letzte Mal vor dem Ersten Weltkrieg, dass Piloten unterschiedlicher Nationalität gemeinsam Seite an Seite flogen.

Der Absturz des Luftschiffes „M III“, des letzten noch nicht ausgeschiedenen Lenkballons, veranlasste die Heeresverwaltung, sich endgültig von den Luftschiffen zu verabschieden und ihre Aufmerksamkeit nur noch den Flugzeugen zu widmen.

Oberleutnant Eduard Nittner. Er überflog im Jahr 1912 als Erster den Semmering.

Die österreichisch-ungarische Luftfahrtindustrie

Die erste Flugzeugfabrik auf dem Boden der Donaumonarchie war die „Igo Etrich Aeroplan Construktionswerkstätte". Sie bezog 1909/1910 einen Doppelhangar auf dem Wiener Neustädter Steinfeld. Hier entstand der Prototyp eines neuen Motorflugzeuges, das den Namen „Taube" erhielt. Etrich sollte bald aufgrund der vielen Bestellungen, die nicht zuletzt auf die Erfolge der „Taube" bei internationalen Flugmeetings zurückzuführen waren, mit seiner kleinen Flugzeugwerkstätte mit der Produktion nicht mehr nachkommen. Er verkaufte seine Patente für die „Taube", die er in Österreich-Ungarn und in Deutschland hielt. In Österreich-Ungarn waren es die Lohnerwerke (übrigens die einzige leistungsfähige Flugzeugfabrik der Monarchie) in Verbindung mit der Motor-Luftfahrzeug-Gesellschaft (M.L.G.), die ab nun die „Taube" herstellten.

Vor dem Ersten Weltkrieg widmete sich eine ganze Reihe weiterer Firmen dem Bau und dem Verkauf von Flugzeugen: die Österreichisch-ungarischen Autoplanwerke Ges.m.b.H. Wien–Budapest–Paris; die Gebrüder Blaha; die Firma Ignaz Kastenhofer & Co.; die Flugzeug Aeroplanette Bau und Vertriebs Ges.m.b.H. und die Firma Aeroplan Construction – Ferdinand Keibl. Alle diese Betriebe mussten noch vor dem Ersten Weltkrieg die Produktion beziehungsweise den Vertrieb von Flugzeugen wieder einstellen. Die Tatsache, dass keiner dieser Betriebe überleben konnte, war weniger auf die mangelnde Nachfrage nach Flugapparaten als auf die Monopolstellung von Camillo Castiglioni und den Lohnerwerken zurückzuführen. Unmittelbar vor Kriegsbeginn wurden dann drei Fabriken gegründet (die Österreichischen Albatros-Werke, die Österreichische Aviatik und die ungarische Lloyd).

Hauptabnehmer von Flugzeugen waren bald nicht mehr Privatpersonen, sondern das Militär. Die führenden Militärs aller Staaten hatten den Wert des Flugzeuges erkannt, das in einem Wettrüsten bei den Luftstreitkräften quasi zum Prestigeobjekt wurde. Allerdings geriet die österreichisch-ungarische Luftfahrtindustrie gegenüber den anderen Staaten ins Hintertreffen. Während des Krieges blieb die Leistungsfähigkeit weit hinter jener der anderen Krieg führenden Staaten zurück. Mangelte es in der ersten Kriegshälfte an industriellen Kapazitäten und an qualifizierten Arbeitskräften (diese Probleme konnten halbwegs überwunden werden), so brachte eine stetig steigende Materialknappheit im weiteren Kriegsverlauf alle Ausbaupläne zum Scheitern. Ein Verzetteln in ein anfangs Erfolg versprechendes Flugzeugprojekt („Knollerprogramm") band industrielle Kapazitäten, die dann anderweitig fehlen sollten und lediglich ein Flugzeug mit „lebensgefährlichen" Flugeigenschaften produzierten.

Knoller Aviatik 36.10 in Aspern beim Einfliegen.

Reparatur von Flugzeugrümpfen in einem Fliegeretappenpark (Reparaturbetrieb).

Hauptursachen für die niedrige Flugzeugproduktion waren neben anderen der Mangel an Facharbeitern, der Gummimangel (durch die Blockade der Ententemächte) und das Fehlen von Aluminium für den Flugmotorenbau. Aber auch der Kohlemangel wirkte sich spürbar aus – dieser behinderte massiv die Stahlproduktion. Der Kohlemangel war jedoch „hausgemacht", denn es gab ausreichende Kohlevorräte. Der Mangel war ein logistisches beziehungsweise organisatorisches Problem.

In Österreich-Ungarn gab es zwei Flugmotorfabriken. Der erste in Serie erzeugte österreichische Flugmotor stammte von den Daimler-Werken in Wiener Neustadt aus dem Jahr 1910 und entstand unter der Leitung Ferdinand Porsches. Der erste Flugmotor (40 PS) war im Grunde nichts anderes als ein modifizierter Automobilmotor. Die steigenden Anforderungen in Bezug auf höhere Leistung und gleichmäßigeren Gang führten zum Bau von Sechszylinder-Flugmotoren. Die Daimler-Werke vergaben auch Lizenzen zum Bau von Flugmotoren, wie an die Ungarische Allgemeine Maschinenfabrik AG (M.A.G.) und die bayerischen Rapp-Werke. Die Motoren wurden während des Krieges laufend verbessert, Motorleistungen von über 300 PS konnten erreicht werden.

Die zweite bedeutende Flugmotorenfabrik waren die Österreichischen Industriewerke Warchalowski, Eissler & Co. AG in Wien, die ab 1911 Hiero-Motoren herstellten. Was Ferdinand Porsche für die Daimler-Werke war, war der Automobil- und Motorenkonstrukteur Otto Hieronimus für die Österreichischen Industriewerke. Letzterer entwickelte die Hiero-Flugmotoren, die unter anderem auch in fünf weiteren österreichischen, ungarischen und deutschen Firmen in Lizenz erzeugt wurden.

Daneben gab es in der Donaumonarchie noch eine sehr große Anzahl an Zulieferbetrieben, die alle wichtigen Ausrüstungsgegenstände und Komponenten der Flugzeuge herstellten. In der Propellerproduktion etwa war die Firma Lohner führend. Bordinstrumente wurden von einer ganzen Reihe von Betrieben in der Monarchie geliefert. Bei Flugzeugtransportwagen war ebenfalls Lohner führend. Luftbildgeräte wurden sowohl von deutschen als auch österreichischen Firmen geliefert. Bei Maschinengewehren war die Firma Steyr mit dem Schwarzlose-Modell Hauptlieferant.

Phönix D.I 20.16, Prototyp mit Dm 185.

Brandenburg C.I 29.84 mit Hiero 200 (Fi), Lizenzproduktion bei Austro-Fiat, an der Isonzofront.

Camillo Castiglioni – der Herr der Luftfahrtindustrie

Camillo Castiglioni.

Die Geschichte des Flugzeugbaus in Österreich-Ungarn ist untrennbar mit einer Person verbunden, und zwar mit Camillo Castiglioni, der in Triest als Sohn des jüdischen Oberrabbiners geboren wurde. Nach dem Jusstudium arbeitete er für die Österreichisch-Amerikanische Gummiwarenfabrik AG. Castiglioni brachte es bis zum Direktor beziehungsweise im Jahr 1904 zum Generaldirektor. In dieser Funktion kam er mit der Automobilindustrie und mit Banken in Kontakt und wurde Aufsichtsratsvorsitzender der Daimler-Werke in Wiener Neustadt. 1909 gründete er zusammen mit Eduard Fischer von der Österreichischen Daimler Motorengesellschaft die Motor-Luftfahrzeug-Gesellschaft m. b. H. (M.L.G.). Castiglioni gelang es, die Lizenz für den Bau der Etrich-„Taube" beziehungsweise die Firmeneinrichtungen Etrichs in Wiener Neustadt zu erwerben. Da diese Anlagen über keine ausreichenden Produktionskapazitäten verfügten, wandte sich Castiglioni an Ludwig Lohner. 1910 wurde der Bau der ersten fünf „Tauben" in Auftrag gegeben. 1912 sicherte ein Vertrag, dass die Lohnerwerke alle bei der M.L.G. bestellten Flugzeuge bauten. Darüber hinaus begann die problematische Zusammenarbeit zwischen Ludwig Lohner und Camillo Castiglioni – der Besitzer eines soliden Familienbetriebes gegen den Aufsteiger mit Ellbogentechnik. Der endgültige Bruch sollte 1916 kommen. Der Kommandant der k. u. k. Luftfahrtruppen hatte wenig Verständnis für die Zwischengewinne der M.L.G. und veranlasste den Bau von „Tauben" in eigener Regie in Fischamend. Die Konflikte Castiglionis mit dem Fliegerarsenal beschränkten sich nicht nur auf die geschäftliche Ebene, sie arteten sogar in persönliche Auseinandersetzungen (einschließlich eines Duells) zwischen ihm und einzelnen Offizieren aus.

1912 gründete Castiglioni die Ungarischen Flugzeugwerke AG (Ufag). Als der von ihm umworbene Konstrukteur Ernst Heinkel absagte, kaufte er einfach die Aktienmehrheit an den Brandenburgischen Flugzeugwerken, wo Heinkel beschäftigt war, um auf diese Weise seinen Wunschkandidaten doch noch „an Land zu ziehen". In Deutschland gründete Castiglioni die Dachgesellschaft „Deutsche Aero Werke". Mithilfe dieses Coups entstand das Großunternehmen der

Hansa- und Brandenburgischen Flugzeugwerke AG mit Werken in Berlin, Hamburg und Brandenburg. Dieses Unternehmen lieferte auch Maschinen nach Österreich-Ungarn. Bei den Phönix-Flugzeugwerken AG, die aus den Österreichischen Albatros-Werken entstanden, übernahm Castiglioni 1917 die Aktienmehrheit. Während des Krieges gelang es ihm auch, zusammen mit anderen Teilhabern die Rapp-Werke in München zu erwerben, die ab diesem Zeitpunkt Bayerische Motoren Werke (BMW) hießen.

Der Einfluss des Monopolisten Castiglioni war bis in die letzten Kriegstage gefürchtet. Der Kommandant der k. u. k. Luftfahrtruppen, Emil Uzelac, ging im März 1918 sogar so weit, vorzuschlagen, ihn, um dessen Einfluss zu unterbinden, zum Militärdienst einzuziehen und weit weg Dienst versehen zu lassen – am besten beim Orientkorps in Palästina.

Die österreichisch-ungarischen Luftfahrtruppen während des Ersten Weltkrieges

Obwohl die Donaumonarchie vor dem Ersten Weltkrieg in der Luftfahrt zu den führenden Staaten gehörte, war es bei Kriegsausbruch im Juli 1914 nur unter größten Schwierigkeiten und Anstrengungen möglich, die Fliegerkompanien (Flik) ins Feld zu schicken. Die Geringschätzung, mit der das Flugwesen vor dem Krieg behandelt worden war, sowie die geringen investierten Geldmittel sollten sich nun bitter rächen. Zum Zeitpunkt der Kriegserklärung verfügte die Fliegertruppe nur über 43 Etrich-„Tauben" und 52 Lohner-„Pfeilflieger", die allerdings aufgrund von Flügelbrüchen nachgerüstet werden mussten. Bis zum August 1914 konnten nur neun Flik an die Front verlegt werden (sieben an die russische und zwei an die serbische Front). Bis Ende 1914 wurden dann durch deutsche Flugzeuglieferungen weitere sieben Flik aufgestellt. Nicht nur im Bewegungskrieg an der russischen Front, wo tief hinter den Linien aufgeklärt wurde (oft 100 Kilometer und mehr), sondern vor allem auch in der taktischen Aufklärung an Fronten, die im Stellungskrieg festgefahren waren, erlangte das Flugzeug eine immer größere Bedeutung. Auch die Artillerie begann sich des Flugzeugs für die Feuerleitung aus der Luft mittels Morsesignalen (dem sogenannten „Radioschießen") zu bedienen.

Auf den Einbau von Maschinengewehren musste bei den zu Kriegsbeginn unbewaffneten Flugzeugtypen verzichtet werden, da sie dadurch zu schwer geworden wären und die Flugleistungen beeinträchtigt worden wären. Erst ab Sommer 1915 war es möglich, Flugzeuge mit einem wirkungsvollen Maschinengewehr auszustatten. So gab es zu Beginn des Krieges den „Luftkampf" nur insofern, als sich gegnerische Flugzeuge mit Pistolen und Karabinern beschossen, was jedoch kaum Schäden verursachte. Mehr Schäden verursachten hingegen primitive, freihändig über Bord geworfene Bomben und „Fliegerpfeile" (spitze, zwölf bis 15 Zentimeter lange Metallstäbe), die anfangs sporadisch auf Bahnhöfe, Truppenansammlungen, Marschkolonnen und Depots geworfen wurden.

Die seit dem Frühjahr 1915 verstärkt einsetzende Fliegerabwehr vom Boden aus zwang die Flugzeuge bald in Höhen, die eine genaue Erkundung nicht mehr ermöglichten. Auch die Notwendigkeit, gegnerische Aufklärungsflüge zu verhindern, veranlasste die Heeresverwaltung, die bisher verwendeten Maschinen durch steigfähigere und wendigere Typen zu ersetzen. Diese sollten neben der Aufklärungstätigkeit auch mit Bomben und Maschinengewehrfeuer in die Bodenkämpfe eingreifen und feindliche Flugzeuge bekämpfen.

Brandenburg C.I 26.36 am Flugfeld Aspern, Versuchsflugzeug für drahtlose Telegrafie (Geberanlage für „Radioschießen“).

Albatros B.I 24.23 mit Hiero 145 der Flik 9,
Bombenübernahme.

Notlandung mit Überschlag. Brandenburg KD 65.61, Flik 28. Landehavarie von Emil Uzelac.

1915 verlagerte sich das Haupteinsatzgebiet der k. u. k. Luftfahrtruppen immer mehr an die Südwestfront (am 23. Mai 1915 hatte Italien der Habsburgermonarchie den Krieg erklärt) und auf den Balkan. Während die sich in der Überzahl befindlichen italienischen Flugzeuge aus der Ebene starten konnten, mussten die österreichischen Maschinen unter wesentlich schwierigeren Platzverhältnissen und Wetterbedingungen in den engen Alpentälern und im zerklüfteten Karst starten und landen. Außerdem kamen damals die österreichischen Flugzeugtypen kaum über die Alpenkämme und -gipfel. In dieser Situation legte Oberst Uzelac einen Ausbauplan vor, und es gelang tatsächlich noch 1915, die Flugzeugproduktion und Pilotenausbildung anzukurbeln sowie die Aufstellung neuer Flik voranzutreiben. Die Sicherung der eigenen Aufklärungs- und Kampftätigkeit sowie die Abwehr feindlicher Flugzeuge brachte es mit sich, dass auch Jagdflugzeuge bei den Flik eingeteilt wurden. Die von der Heeresverwaltung im Jahr 1915 eingeleiteten Maßnahmen kamen erst ein Jahr später voll zum Tragen: Die bestehenden 18 Flik wurden umgerüstet und 19 neue aufgestellt. 1916 wurde als Reaktion auf italienische Bombardements auch erstmals eine Bombereinheit aufgestellt.

Das Haupterfordernis des Jahres 1917 war, der auf dem italienischen Kriegsschauplatz einsetzenden Überlegenheit des Gegners in der Luft durch eine rasche Vermehrung der Fliegerverbände zu begegnen. 20 weitere Flik konnten aufgestellt werden. Den Höhepunkt des Fliegereinsatzes bildete die 12. Isonzoschlacht, während der die k. u. k. Luftfahrtruppen in acht Wochen 1600 Feindflüge mit relativ wenigen Verlusten absolvierten. Zum Jahreswechsel 1917/1918 betrug der Stand 66 Flik und ein Großkampfgeschwader. Keine Flik hatte mehr als 60 Prozent ihres Sollstandes an Piloten und Flugzeugen. Die Übermacht der italienischen Luftstreitkräfte, unterstützt von französischen, englischen und sogar amerikanischen Verbänden, wurde immer drückender. Außerdem machte sich in der Donaumonarchie die allgemeine wirtschaftliche Ermattung immer spürbarer bemerkbar. Am 15. Juni 1918 trat die k. u. k. Armee zu ihrer letzten großen Offensive an und überschritt den Piave. Das sollte auch der letzte geschlossene Großeinsatz der k. u. k. Luftfahrtruppen bis zum Kriegsende sein.

Die Helden der Lüfte

Der erfolgreichste Jagdflieger Österreich-Ungarns war Hauptmann Godwin Brumowski. Er erzielte 42 Luftsiege, von denen 35 bestätigt sind. Er war Absolvent der Technischen Militärakademie in Mödling, wo er die Ausbildung zum Artilleristen erhielt. 1915 erreichte er seine Einteilung als Beobachter-Offizier (BO) an der galizischen Front. Er brachte sich selbst das Fliegen bei und entwickelte sich ohne Pilotenschule zu einem sicheren und kühnen Piloten. Nach einem Einsatz an der Südwestfront wurde er an die deutsche Westfront kommandiert, wo er die erfolgreichen deutschen Jagdstaffeln studierte. 1917 schuf Brumowski den ersten k. u. k. Jagdverband (Flik 41J). Hier, an der italienischen Front, sollte er viele Erfolge feiern. Auch wenn Brumowski allerhöchste Auszeichnungen erhielt, den Militär-Maria-Theresien-Orden erhielt er nicht.

Mit 32 Luftsiegen war Offiziersstellvertreter Julius Arigi der meistausgezeichnete Unteroffizier der österreichisch-ungarischen Armee. Mit 17 Jahren hatte er sich freiwillig zur Luftschiffertruppe gemeldet. 1914 war er bereits Flugzeugführer und einer der jüngsten Feldpiloten. Zu Kriegsbeginn rückte Arigi nach Cattaro (Flik 6) ein. 1915 geriet er in montenegrinische Kriegsgefangenschaft, aus der er 1916 fliehen konnte. Arigi avancierte in der Folgezeit zu einem der besten und erfolgreichsten Jagdflieger der alten Armee. Er wurde unter anderem vier Mal mit der Goldenen Tapferkeitsmedaille ausgezeichnet.

31 Luftsiege (28 davon anerkannt) errang Oberleutnant der Reserve Ing. Benno Fiala Ritter von Fernbrugg. Bereits bei Kriegsbeginn landete der flugtechnisch interessierte Fiala bei der Fliegerei. Kein Geringerer als Emil Uzelac konnte ihn als technischen Reserveoffizier bei der Flik 1 unterbringen. Zusammen mit dem Techniker Prof. Leopold Kann baute er eine Funkstation in ein Flugzeug ein, mit deren Hilfe das Artilleriefeuer geleitet werden konnte. Zunächst als Beobachter verwendet, meldete er sich 1917 zur Pilotenausbildung. Ab Juni 1917 flog er an der italienischen Front. Fiala war Kommandant der Flik 51J. Hier errang er seine größten Erfolge als Jagdflieger; von Februar bis Oktober 1918 schoss er 20 Gegner ab.

29 Luftsiege (davon 28 bestätigt) konnte Oberleutnant Frank Linke-Crawford, der „Falke von Feltre", erringen. Ursprünglich Reiteroffizier, musste er in den Schützengraben „absitzen". 1916 fand er schließlich den Weg zur Fliegerei. Zunächst Beobachter, drängte er darauf, Pilot zu werden. 1916 erhielt Linke schließlich seine fliegerische Ausbildung.

Oberleutnant (Hauptmann) Godwin Brumowski,
Flik 12, vor seinem Kampfdoppeldecker.

Offiziersstellvertreter Julius Arigi, höchstdekorierter Unteroffizier, vor seinem D.III.

Oberleutnant Frank Linke-Crawford, der „Falke von Feltre“.

Oberleutnant der Reserve Ing. Benno Fiala Ritter von Fernbrugg der Flik 12 vor seinem Brandenburg KD 28.38.

Brandenburg KD 28.65 mit Dm 185 am Flugfeld Sesana der Flik 41J am 26. Juli 1917. Besuch der Erzherzogin Maria Theresia (Rotes Kreuz; Dritte von rechts) mit Hofdame (Vierte von rechts). Am Foto sind auch Hauptmann Godwin Brumowski (Zweiter von rechts) und Oberleutnant der Reserve Ing. Benno Fiala Ritter von Fernbrugg (Dritter von links, verdeckt) zu sehen.

Linienschiffsleutnant (entsprach dem Dienstgrad Hauptmann) Gottfried Freiherr von Banfield am Propeller des italienischen Beute-Nieuports am Flugfeld Prosecco, links von ihm Hauptmann Feldpilot Alexander Hartzer, Kommandant der Flik 28. Banfield begutachtet hier erstmals sein wichtigstes gegnerisches Flugzeug.

Caproni Ca 3 „1179“ mit drei Isotta Fraschini-Flugmotoren am Flugfeld Pergine. Versuchsaufstellung des Beuteflugzeuges der Flik 24 nach dem Abschuss durch Zugsführer Feldpilot Josef Kiss (rechts) am 25. August 1916.

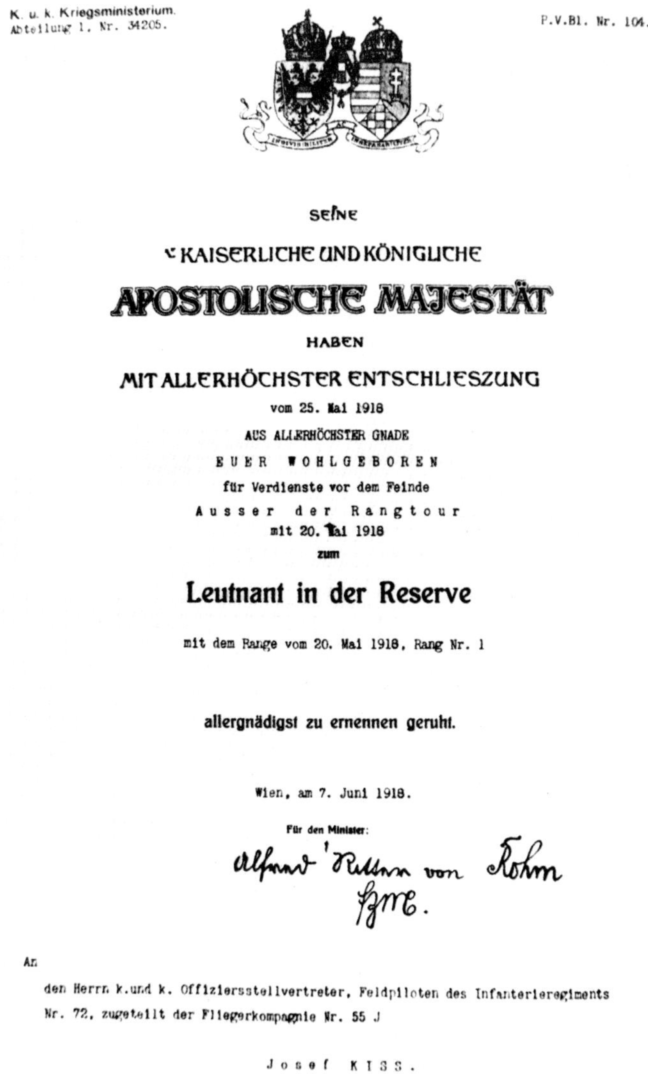

K. u. k. Kriegsministerium.
Abteilung 1. Nr. 34205.

P.V.Bl. Nr. 104.

SEINE
K. KAISERLICHE UND KÖNIGLICHE
APOSTOLISCHE MAJESTÄT
HABEN
MIT ALLERHÖCHSTER ENTSCHLIESZUNG
vom 25. Mai 1918
AUS ALLERHÖCHSTER GNADE
E U E R   W O H L G E B O R E N
für Verdienste vor dem Feinde
A u s s e r   d e r   R a n g t o u r
mit 20. Mai 1918
zum

Leutnant in der Reserve

mit dem Range vom 20. Mai 1918, Rang Nr. 1

allergnädigst zu ernennen geruht.

Wien, am 7. Juni 1918.

Für den Minister:
Alfred Ritter von Kohn
FZM.

An
den Herrn k.und k. Offiziersstellvertreter, Feldpiloten des Infanterieregiments Nr. 72, zugeteilt der Fliegerkompagnie Nr. 55 J

J o s e f   K I S S .

Josef Kiss wurde posthum am 7. Juni 1918 zum Leutnant der Reserve ernannt.

Nach seinem Einsatz an der Ostfront holte ihn Brumowski in seine Jagdstaffel, die am Isonzo lag. Bald erhielt er das Kommando über die Flik 60J, die sich den Titel „Jagdstaffel Linke“ erwarb. Im Juni und Juli 1918 konnte Linke seine größten Erfolge verzeichnen.

Am 31. Juli 1918 sollte ihn dann sein Schicksal ereilen. Mit einem angeschlagenen Flugzeug und ohne Munition stieß er beim Rückflug von einem Einsatz auf eine feindliche Staffel. Infolge schlechter Verarbeitung der Tragflächen seines Flugzeuges Aviatik (Berg) D.I löste sich die Bespannung – er stürzte ab.

Der einzige Pilot, der das Ritterkreuz des Militär-Maria-Theresien-Ordens erhielt, war Linienschiffsleutnant Gottfried Freiherr von Banfield, der „Adler von Triest“. Er erzielte 21 Luftsiege (davon 14 bestätigt) und war damit der erfolgreichste Marineflieger. Banfield absolvierte zunächst die Marineakademie in Fiume, darauf folgten einige Jahre der Einschiffung. 1912 führte ihn sein Wunsch, Pilot zu werden, nach Wiener Neustadt zur Ausbildung. Anschließend tat er bei der einzigen Seeflugstation in Kumbor Dienst. Nach Kriegsausbruch wurde er Kommandant des neu errichteten Flugstützpunktes Triest. Eines seiner Flugzeuge war der „Blaue Vogel“ (die A 11), mit dem er Tag und Nacht einsatzbereit war, um feindliche Flugzeuge abzuwehren, Schiffe anzugreifen oder militärische Objekte an der Küste zu bombardieren. Banfield wurde beim Volk bald als Beschützer der Stadt und als „Adler von Triest“ bekannt. Den Höhepunkt als Seeflieger erlebte er in den Jahren 1916 und 1917. Bei der 180. Promotion (das ist die feierliche Ordensverleihung) am 17. August 1917 erhielt Banfield für seine Waffentaten das Ritterkreuz des Militär-Maria-Theresien-Ordens.

Weitere Flieger-Asse waren: Stabsfeldwebel Istvan Fejes (20 Luftsiege, 15 bestätigt); der posthum zum Leutnant ernannte Offiziersstellvertreter Josef Kiss (19 Luftsiege); Leutnant der Reserve Franz Gräser (18 Luftsiege, 16 bestätigt); Oberleutnant Ernst Strohschneider (16 Luftsiege, 15 bestätigt); Feldwebel Eugen Bönsch (16 Luftsiege, 15 bestätigt); Offiziersstellvertreter Kurt Gruber (14 Luftsiege, 11 bestätigt); Oberleutnant Franz Rudorfer (13 Luftsiege, 12 bestätigt); Hauptmann Adolf Heyrowsky (13 Luftsiege, 11 bestätigt); Hauptmann Raoul Stojsavljevic (12 Luftsiege, 10 bestätigt); Hauptmann Josef von Maier (10 Luftsiege); Oberleutnant Friedrich Navratil (10 Luftsiege).

Die Seeflieger der k. u. k. Kriegsmarine

Nachdem in einigen europäischen Staaten beträchtliche Mittel in die Entwicklung spezieller Flugzeuge für die Marine investiert worden waren, begann sich im Jahr 1910 auch die Marinesektion des k. u. k. Kriegsministeriums dafür zu interessieren. Das Seeflugzeug wurde vor allem als Aufklärungsmittel erkannt. Die Beobachtung aus der Luft sollte die zahlenmäßig schwache Torpedobootflottille spürbar entlasten. Letztendlich sollte sich das Seeflugwesen in der Donaumonarchie unabhängig von der Landfliegerei eigenständig entwickeln.

Der Entscheidung für ein Wasserflugzeug (Flugboot) und nicht für ein „seetüchtig" gemachtes Landflugzeug lag eine einfache Überlegung zugrunde: Ein wegen eines technischen Defektes zur Wasserung gezwungenes Landflugzeug wäre unweigerlich verloren; ein Flugboot hingegen könnte eingeschleppt werden. Flugboote waren zwar schwerer als Schwimmerflugzeuge, wiesen dafür jedoch eine höhere Seetüchtigkeit auf. Im Ersten Weltkrieg kamen auf österreichischer (und italienischer) Seite fast ausschließlich Flugboote zum Einsatz.

Allerdings verfügte man in Österreich-Ungarn über keine Erfahrungen im Bau von Seeflugzeugen. Nach einer Phase des Experimentierens mit heimischen Modellen entschied man sich, bewährte ausländische Flugboote (unter anderem von Donnet-Lévêque) anzukaufen. Nach den guten Erfahrungen mit diesen Modellen wurde seitens der Marinesektion entschieden, dass die nächsten Flugboote wieder von der heimischen Industrie hergestellt werden müssten. Im April 1913 machte sich Camillo Castiglioni erbötig, ein Flugboot zu bauen. Nach längeren Verhandlungen wurde ein Flugboot bei Lohner in Auftrag gegeben. Aufgrund der Erfahrungen mit dem Donnet-Lévêque-Flugboot wurde ein neuer Flugboottyp entworfen; es war dies die Type M (in der Serie wurde als Type E bezeichnet) mit den typischen Merkmalen, die auch alle späteren Flugboote aufweisen sollten.

Bei Kriegsausbruch im Jahr 1914 war erst ein kleiner Kern an Flugzeugführern und Flugbooten (21 Stück, davon 14 kriegsverwendungsfähig) vorhanden. Bis zur Kriegserklärung Italiens wurden vorwiegend Aufklärungsflüge im Luftraum über der Adria durchgeführt. Als k. u. k. Kriegsschiffe Ziele in Montenegro beschossen, wurde ihr Feuer mittels „Radioschießen" erfolgreich durch Flugboote geleitet. Es zeigte sich auch, dass die Maschinen keineswegs noch den Anforderungen der Einsätze (geringe Steigfähigkeit, Seefestigkeit und Unzuverlässigkeit der Motoren) gewachsen waren. Im März 1915 besserte sich die Situation durch das Eintreffen neuer Seeflugzeuge. Vor allem die Type L, eine größere

Seeflugzeug Lohner Type L (L 77) der Seeflugstation Pola neben einem Stationsschiff im Hafen von Pola.

Mehrzweckmaschine, sollte sich bestens bewähren. Als Italien der Donaumonarchie den Krieg erklärte, konnten die österreichischen Seeflieger aufgrund der geringen Anzahl an italienischen Flugbooten vom ersten Tag an völlig ungestört Ziele mit Bomben angreifen. Die österreichischen Flugboote waren bis 1916 den italienischen technisch überlegen, was zu einer Vernachlässigung der Weiterentwicklung und damit zum Verlust des Vorsprungs führte. Als 1915 ein Lohner-Flugboot der Type L (die L 40) von den Italienern im flugfähigen Zustand erbeutet wurde, baute es die Firma Macchi (150 Exemplare) ohne Änderungen nach. Im Lauf des Jahres 1915 verstärkte Italien die Flugabwehr und drängte die k. u. k. Seeflieger in immer größere sichere Höhen, die wegen der schwachen Motoren nur schwer erreicht werden konnten.

1916 flogen die Italiener unter starkem Jagdschutz immer häufiger Bombenangriffe auf die österreichischen Küstenstädte. Man leitete zwar Gegenmaßnahmen ein, aber die Luftherrschaft der Österreicher blieb verloren, und das Kräfteverhältnis verschob sich immer mehr zugunsten der Alliierten. Die durchschnittliche Lebensdauer eines k. u. k. Flugbootes sank auf sechs Monate.

1917 verlagerten sich die Angriffsziele zunehmend auf das Festland und die Küstengebiete. Die Seeflieger griffen sogar in die Isonzoschlachten im Landesinneren ein – und waren sich dabei stets der Tatsache bewusst, dass eine Notlandung in dem karstigen Gebiet den sicheren Tod bedeutete.

Das Jahr 1918 brachte fast täglich Fliegerangriffe auf die österreichisch-ungarischen Küstenstädte, zu deren Verteidigung nur wenige Abwehrmittel zur Verfügung standen. Die Überlegenheit des Gegners war bereits so groß, dass einzelne k. u. k. Seeflieger von bis zu 15 Flugzeugen angegriffen wurden.

Die Flugzeugfabriken in Österreich-Ungarn

Lohner, Wien

Die 1873 gegründete Firma Jacob Lohner & Co. nahm 1909/1910 den Flugzeugbau auf. Ing. Ludwig Lohner begründete in der Pferdewagenfabrik seines Vaters Jacob zunächst den Kraftwagenbau und später den Flugzeugbau. Die verschiedenen Flugzeugtypen entstanden im Werk in der Donaufelderstraße 73–79 in Wien-Floridsdorf. 1909 konstruierte Ing. Karl Paulal für Lohner das erste Motorflugzeug: einen Doppeldecker mit einem 40-PS-Motor und vorne liegendem Propeller. Es folgten zwei Eindecker und ein weiterer Doppeldecker.

Die Erfolge Lohners im Flugzeugbau veranlassten die österreichisch-ungarische Heeresverwaltung, bei ihm den Bau von fünf Etrich-„Tauben" beziehungsweise in der Folge von weiteren 31 Maschinen in Auftrag zu geben. Schließlich entstand unter Beratung von Rittmeister Hans von Umlauff der erste „Pfeilflieger" nach eigenem Entwurf. Bei Lohner wurden auch die entsprechenden Flugzeugpropeller entwickelt und gefertigt. Die guten Wettbewerbsergebnisse der

Lohner Type B.II (Type C) „Pfeilflieger" mit Hiero 85 der Flik 6 in Igalo (Albanien) im Jahr 1915.

Lohner B.VII 17.33 mit Dm 160 der Flik 16 im März 1916. Rechts Hauptmann Raoul Stoisavljevic, Kommandant der Flik.

Lohner B.VII 17.40 der Flik 7 in Pergine nach der Rückkehr vom Geschwaderflug nach Mailand am 14. Februar 1916.

Lohner B.VII 17.88 mit Dm 160 beim Einfliegen in Aspern.

„Pfeilflieger" führten zur Bestellung durch das Militär. Bei Kriegsbeginn fertigte auch die ungarische Firma Ufag teilweise das Modell in Lizenz. Zu Kriegsbeginn 1914 war Lohner überhaupt die einzige Flugzeugfabrik in Österreich-Ungarn, die für den Serienbau eingerichtet war.

Besonders im Flugbootbau für die Kriegsmarine zeichnete sich der Paulal im April 1916 nachfolgende Konstrukteur Ing. Leopold Bauer aus, was dazu führte, dass fast nur Lohner-Erzeugnisse (Aufklärer, Jagdflugboote und Schulmaschinen) zum Einsatz kamen. Als sich gegen Ende 1916 die „Pfeilfliegertypen" als veraltet erwiesen hatten, entwickelte Lohner Neubauten und fertigte auch Flugzeugtypen anderer Hersteller unter Lizenz (Knoller C.II, Aviatik Berg D.I).

Mit dem Ende des Ersten Weltkrieges fand die Erzeugung von Militärflugzeugen ihren Abschluss. Bis 1923 wurden noch einige zivile Fliegereiprojekte durchgeführt. Damit war das Thema Fliegerei für die Firma Lohner abgeschlossen.

Albatros (Österreichische Albatros-Werke, später Phönix), Wien

Die Eintragung in das österreichische Handelsregister erfolgte am 18. Mai 1914. Das Werk war in Wien-Stadlau in der Industriestraße 190 ansässig. Hier begann die Flugzeugproduktion nach den Bestellungen vom August 1914. Man baute zunächst die aus dem deutschen Stammwerk gelieferten Maschinen zusammen, die mit 100-PS-Mercedes-Motoren ausgerüstet waren. Ein Jahr später folgte der österreichische Albatros B.I in einer zweiten Serie mit einem verbesserten Tragflügel nach Prof. Richard Knoller. Auf der Suche nach einem geeigneten Konstrukteur konnte sich der Finanzjongleur Camillo Castiglioni mit einem finanztechnischen Schachzug den jungen Flugzeugbauer Ing. Ernst Heinkel angeln. In den Phönix-Flugzeugwerken (mit Sitz an derselben Adresse wie Albatros; im Übrigen eine Gründung Castiglionis zur Produktionserweiterung im Jahr 1917) begann ebenfalls die Fertigung von Heinkel-Entwürfen (Brandenburg C.I und D.I sowie Seeflugzeuge). Mit dem Brandenburg C.I Zweisitzer (Aufklärer und Bombenflugzeug) wurde zusammen mit der ungarischen Firma Ufag die größte Stückzahl einer Einheitstype in Österreich-Ungarn in mehreren, laufend verbesserten Bauserien produziert. Das modernste k. u. k. Zweisitzerflugzeug war der Phönix C.I, der ab Herbst 1917 in den Serienbau kam, beeinflusst von einer Heinkeltype, die von Ing. Michael Gabriel und dem Konstruktionsbüro bei Phönix entworfen wurde. Die Ufag baute mit gleichen Spezifikationen dazu einen ähnlichen Zweisitzer, den Ufag C.I, wobei Phönix davon auch eine Serie in Lizenz baute.

Aviatik Berg D.I (Lo), Bauart 115 am Flugfeld Pergine, Flep (Fliegeretappenpark) 7.

Albatros B.I mit österreichischem 145 Hiero, das erste Albatros-Flugzeug für die k. u. k. Fliegertruppen aus Deutschland.

Albatros B.I beim Einfliegen.

Brandenburg 26.02 mit Dm 160 am Flugfeld Aspern. Versuchsflugzeug mit Schneekufenanbau.

Brandenburg 27.04, Notlandung nach Motorschaden (Pleuelstangenbruch) mit Pilot Feldwebel Feldpilot Azore Padien und BO (Beobachter-offizier) Leutnant Eugen Gefing.

Der defekte Motor beim Ausbau.

Ausgebauter Dm 160 mit deutlich sichtbarem Carterdurchschlag (Beschädigung des Motorgehäuses) nach Pleuelstangenbruch.

Brandenburg C.I 27.77 als Schulflugzeug im Herbst 1918 der Flek (Fliegerersatzkompanie) 8 in Wiener Neustadt mit einem Übergangsbalkenkreuz.

Phönix C.I 121.02 mit Hiero 230 am Flugfeld Aspern bei der Erprobung (Frontansicht).

Phönix C.I 121.02 mit Hiero 230 am Flugfeld Aspern bei der Erprobung (Seitenansicht).

Phönix C.I 121.12 der Flik 34D im Herbst 1918 mit Standardbalkenkreuz.

Phönix C.I 121.27 nach Landehavarie am Flugfeld Aspern.

Phönix C.I 121.28 der Flik 12 Rb (Reihenbildner).

Phönix C.I 121.72 am Flugfeld Aspern. 1920 als letztes k. u. k. Flugzeug auf Befehl der Interalliierten Kontrollkommission vernichtet.

Phönix 20.18, Prototyp für Bauart D.II mit Hiero 200 am Flugfeld Aspern.

Phönix D.II 122.01 der Flik 9J am Flugfeld Ospedaletto. Im Cockpit Korporal Karl Linner, der bei einem Sperrflug von vier englischen Bristol F.2b Fighter der 139. Squadron in einen Luftkampf verwickelt und über Levico abgeschossen wurde. Das Flugzeug stürzte brennend ab, der Pilot wurde tödlich verwundet.

Phönix D.II 122.20 beim Einfliegen am Flugfeld Aspern.

Phönix D.I 228.01 am Werkshof in Wien-Stadlau.

Phönix D.I 328.33 der Flik 16D am Flugfeld Feltre. Im Cockpit Oberleutnant Feldpilot Rudolf Schultheiss.

Brandenburg KD 28.06 des Fluggeschwaders 1 im Flug über dem Wippachtal am 16. Juni 1917. Pilot: Offiziersstellvertreter Feldpilot Julius Arigi.

Brandenburg KD 28.26 der Flik 16 am Flugfeld Seebach bei Villach.

Brandenburg C.I 29.59 der Flik 2D nach der Landung am italienischen Flugfeld Campoformido am 2. November 1917 mit Feldwebel Feldpilot Franz Wognar (links im Bild). Dies war die erste Landung eines österreichischen Flugzeuges nach dem Vormarsch zur Piave.

Brandenburg C.I 29.65 der Flik 28 am Flugfeld Prosecco. „Ruhe vor dem Sturm“ (ruhende Apparatmannschaft).

Brandenburg C.I 29.84 am Flugfeld Wiener Neustadt.

Brandenburg C.I 129.11 der Flik 28 mit Fliegeroffizieren.

Brandenburg C.I 129.29 der Flik 21 am Flugfeld Pergine.

Brandenburg C.I 429.36 bei der Flik 57 Rb, Staffelzeichen am Rad. Die Besatzung trägt bereits die Fallschirmausrüstung mit Hose.

Aviatik (Österreichische Aviatik), Wien

Aviatik Prototyp 30.03 für Bauart 32 bei der Erprobung am Flugfeld Aspern.

Knapp vor Ausbruch des Ersten Weltkrieges bot die deutsche Firma Automobil und Aviatik AG der österreichisch-ungarischen Heeresverwaltung ihre Flugzeuge an. Am 4. August 1914 wurde zwecks Gründung einer Filiale die Firma ins Wiener Handelsregister eingetragen. Sitz war in Wien 19, Muthgasse 36–38, vertreten auch durch die Firma Weiser & Sohn (eine Karosseriefabrik), die sich unter anderem dem Flugzeugbau zugewandt hatte. Bis zum 28. Juni 1916 leitete der österreichische Flugpionier Karl Illner den Betrieb. Auch hier begann man zunächst mit dem Zusammenbau von Maschinen. Die Aufnahme der Produktion der deutschen Flugzeuge begann dann während des Jahres 1915, in die Motoren heimischer Provenienz eingebaut wurden. Es waren die Typen Aviatik B.I, B.II und B.III. Gegen Ende des Jahres 1915 begann man mit der eigenständigen Flugzeugentwicklung. Es waren dies von Prof. Richard Knoller konstruierte Doppeldecker der Typen Knoller B.I und C.II. Ab Herbst 1916 kamen die modernen zwei- und einsitzigen Typen des im Werk angestellten Ing. Julius von Berg zur Fertigung (Aviatik Berg C.I, D.I und D.II).

Aviatik B.II 32.81, nach Kurbelwellenbruch und Verlust des Propellers notgelandet. Auf dem Bild unten vor dem Flugzeug zu sehen: der gefundene vordere Motorteil mit Propeller.

Aviatik B.II 34.33 der Flik 13, Bodendemonstration der Kamerahaltung.

Aviatik Berg C.I 37.40 der Flik 23 am Flugfeld Gardolo. Besonderheit: Maschinengewehr-Halterung mit Pivot.

Aviatik Berg D.I 38.06 beim Einfliegen am Flugfeld Aspern.

Aviatik Berg D.I 138.07 der Flik 15 bei einer Inspektion.

Aviatik Berg D.I 238.48 der Jagdfliegerschule Pergine auf dem Flugfeld Pergine.

Aviatik Berg D.I 138.54 der Flik 56J, im Cockpit Oberleutnant Feldpilot Othmar Wolfan, mit Rangkennzeichnung 2 am Flugzeug.

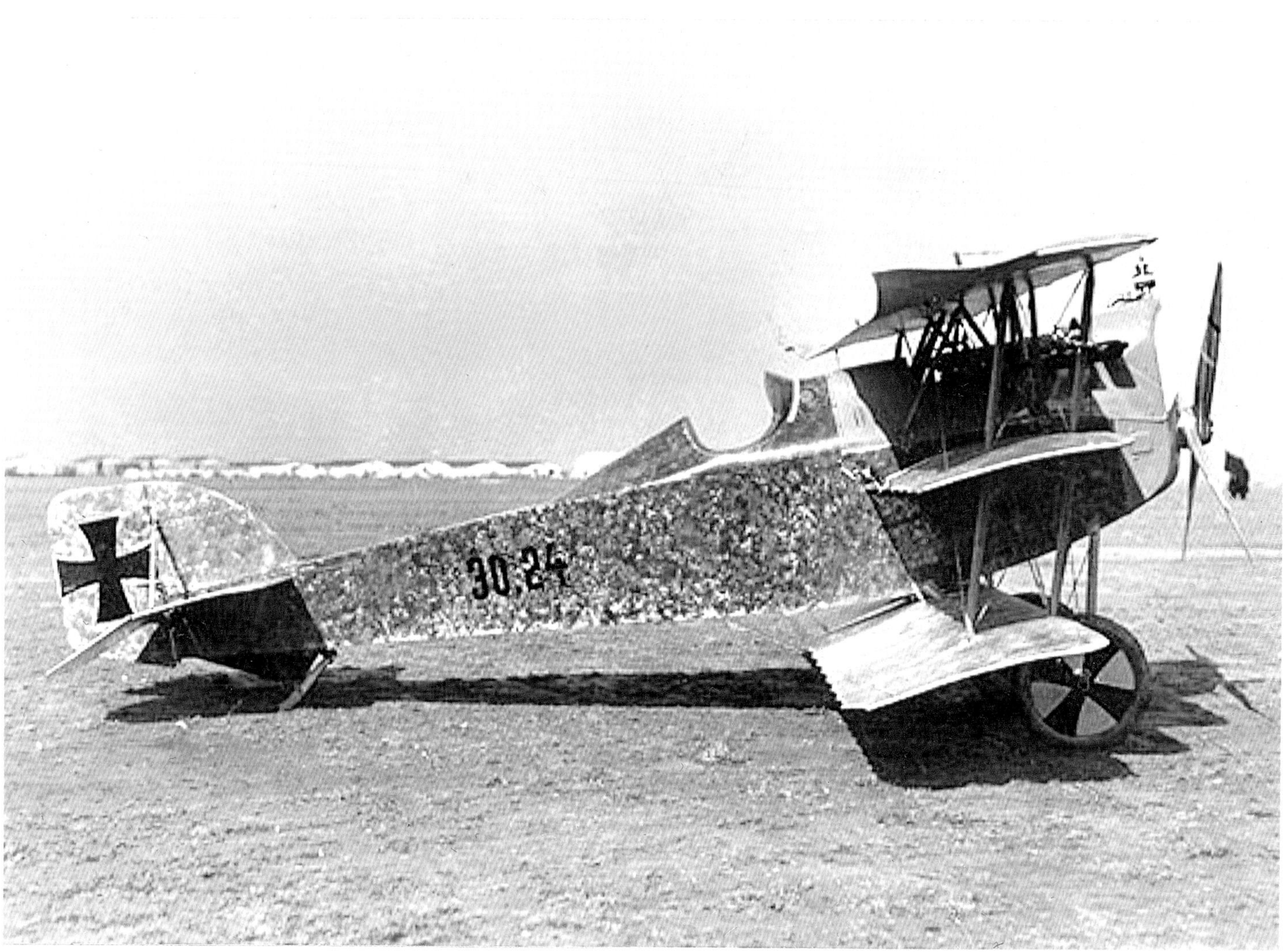

Aviatik Prototyp 30.24 Dreidecker am Flugfeld Aspern.

Lloyd, Budapest-Aszód

Dieser Betrieb wurde am 27. Jänner 1913 zunächst als Automobil- und Motorenfabrik gegründet. Am 30. April 1914 wurde die Produktionspalette um Flugzeuge erweitert. Die Leitung der Firma übernahm ein österreichischer Flugpionier, nämlich Oberleutnant Heinrich Bier. Das Unternehmen begann mit dem Zusammenbau von Doppeldeckern der Deutschen Flugzeug-Werke AG (D.F.W.) in Leipzig-Lindenthal. Bier errang mit einem solchen D.F.W.-Prototyp in Aspern auf Anhieb vier Höhenweltrekorde. Diese Maschinen wurden auch von der Heeresverwaltung übernommen. Mit dem technischen Direktor Ing. Tibor Melczer von der Technischen Universität in Budapest als Konstrukteur wurden Eigenkonstruktionen verwirklicht. Unter der Typenbezeichnung C.I bis C.V entstand bis 1916 eine Reihe von Aufklärungs- und Kampfflugzeugen. Im selben Jahr wurde auch ein dreimotoriger Großbomber entwickelt, der im Prototypenstadium wieder aufgegeben werden musste.

Gegen Ende 1917 waren allerdings die Eigenproduktionen nicht mehr konkurrenzfähig. Mit dem Bau von Lizenzprodukten – Aviatik Berg C.I und D.I (Kampfzweisitzer und -einsitzer) – hielt man sich über Wasser. 1918 wurde der moderne Zweisitzer Phönix C.I in die Lizenzproduktion aufgenommen.

Lloyd C.II 42.12 am Flugfeld Aspern beim Einfliegen.

Öffag, Wiener Neustadt

1915 entstand in der Nähe der Österreichischen Daimler-Werke in Wiener Neustadt (Wiener Straße 66) die Österreichische Flugzeugfabrik AG (Öffag). Noch im selben Jahr kam der Öffag C.I, ein zweisitziger Aufklärer eigener Konstruktion, auf den Markt, der allerdings nicht sehr erfolgreich war. Darauf folgte ein Produktionswechsel. Das Unternehmen baute 1916 das Seeflugzeug Type K. 1917 folgte die Type KG; beide Konstruktionen wurden nach Plänen von Ing. Theo Weichmann hergestellt. Letzterer war sowohl Bediensteter des Kriegsministeriums als auch Chefkonstrukteur bei der Öffag. Außerdem wurde ein dreimotoriges Großflugboot als Type G gebaut, das auf Ing. Josef Mickl zurückging. 1918 folgte das Seeflugzeug Type R (Öffag F von Mickl). Es wurden weiterhin auch Landflugzeuge erzeugt, wie die Öffag C.II als verbesserter Zweisitzer (1917). Die Hauptfertigung der Öffag war aber der Lizenzbau des deutschen Jagdflugzeuges Albatros D.II und des verbesserten D.III in drei Bauserien, des meistverwendeten Jagdflugzeuges der k. u. k. Luftfahrtruppen.

Öffag C.I Ba 51 (Schulflugzeug) am Flugfeld Wiener Neustadt.

Öffag Prototyp 50.08 am Flugfeld Wiener Neustadt.

Öffag C.II 52.57 am Flugfeld Wiener Neustadt bei der Ablieferung.

Albatros Lizenzbau Type D.II bei Öffag als 53.01 am Flugfeld Wiener Neustadt.

Albatros D.III (Oef) 53.24 der Flik 29 an der rumänischen Front.

Albatros D.III (Oef) 53.33 der Flik 24 am Flugfeld Pergine.

Albatros D.III (Oef) Ba 153 der Flik 55J. Vor dem Flugzeug stehend der Pilot Oberleutnant Feldpilot Georg Kenzian von Kenzianshausen.

Albatros D.III (Oef) 153.202 der Flik 42J. Davor stehend Oberleutnant Feldpilot August Selinger.

Albatros D.III (Oef) 153.45 als Schulflugzeug mit Korporal Mihalj Nanasy, ehemals „Leibflugzeug“ von Hauptmann Brumowski.

Ungarische Flugzeugwerke AG (Ufag), Budapest-Albertfalva

Dieses Unternehmen gehörte ebenfalls zum Firmenimperium von Camillo Castiglioni. Er gründete 1912 mithilfe anderer Firmen seine erste Flugzeugfabrik in Ungarn. Ab 1913 wurden hier in Lizenz Aufklärer und Schulflugzeuge der Firma Lohner produziert. Wichtigste Lizenzfertigung war der Brandenburger C.I. Ende 1915 wurden dann die Konstruktionsentwürfe von Ing. Ernst Heinkel gefertigt. 1917 entstand die erste Eigenkonstruktion, die Ufag C.I; dieses Modell ähnelte sehr der Phönix C.I.

Brandenburg KD 65.66 (Lizenzbau bei Ufag) beim Einfliegen am Flugfeld Aspern.

Brandenburg KD 65.79 (Lizenzbau bei Ufag) der Flik 35 mit Feldwebel Feldpilot Karl Sailer.

Brandenburg C.I (U) 64.13 der Flik 16 am Flugfeld Seebach bei Villach.

Brandenburg C.I (U) Ba 64, Schulflugzeug mit Doppelsteuerung.

Brandenburg C.I (U) 67.07 der Flik 38. Die Besatzung trägt Kälteschutzbekleidung.

Brandenburg C.I (U) 69.28 der Flik 44, vor dem Flugzeug Feldwebel Feldpilot Friedrich Hefty.

Brandenburg C.I (U) 169.01 mit 220-PS-Benz-Flugmotor (Lizenzbau Marta in Arad) der Flik 10F am Flugfeld Gardolo. Aufgrund des sumpfigen Bodens wurden Holzroste als Rollhilfe ausgelegt.

Brandenburg C.I (U) 169.112 mit 220-PS-Benz-Flugmotor der Flik 69S vor dem Start am Flugfeld Gaiarine am 2. Juli 1918.

Brandenburg C.I (U) 169.112 der Flik 69S bei der Übernahme von Brieftauben am Flugfeld Gaiarine am 2. Juli 1918.

Brandenburg C.I (U) Ba 369 mit 230-PS-Hiero-Flugmotor. Notlandung in der Nähe von Feltre.

Brandenburg C.I (U) Ba 269 mit 200-PS-Daimler-Flugmotor der Flik 36 an der rumänischen Front.

Ufag C.I 161.07 der Flik 15F am Flugfeld Levico.

Ufag C.I 161.71 der Flik 28D an der Piavefront. In der Mitte (Dritter von links) der Kommandant Hauptmann Alexander Hartzer (mit Hund). Rechts daneben: BO Oberleutnant Ferdinand Hauger.

Brandenburg G.I (U) Ba 62 beim Fluggeschwader 1 bei der Motorprobe.

Ufag C.I 161.106 der Flik 4D im September 1918.

K. u. k. Fliegerarsenal Flugzeugwerk Fischamend

Als die erste Etrich-„Taube" am 2. April 1911 vom Heer übernommen wurde, beauftragte man die von Militär-Aeronautische Anstalt in Luftschiffertruppe umbenannte Einrichtung, verschiedene Flugzeugmuster für den Heeresgebrauch zu testen. Fischamend avancierte damit zum Testzentrum. 1913 wurde hier die k. u. k. Fliegerwerft ins Leben gerufen – damit erfolgte die Reparatur und Fertigung von Schulflugzeugen sowie Aufklärern (Etrich-„Tauben"). Während des Krieges (Mitte 1915) erfolgte die Auslieferung von Hansa-Brandenburg-B.I-Doppeldeckern sowie des Schulflugzeuges der gleichen Type. Ebenso verließ eine kleine Anzahl Lohner-B.I- und B.II-Schulflugzeuge das Werk. In Fischamend richtete Prof. Richard Knoller einen Propellerprüfstand ein, der 1917 fertig wurde und weltweit einmalig war. Im selben Jahr entwarf er auch ein Doppeldecker-Jagdflugzeug mit beweglichen Unterflächen, das allerdings beschädigt und in der Folge umgebaut wurde. Eine zweite Maschine stellte man 1918 fertig. Beide Flugzeuge (D-Prototypen) sind in Fischamend gebaut worden.

Brandenburg B.I (Fd) 176.67 (Schulflugzeug) der Flek 17 am Flugfeld Przemyśl Hureczko.

Etrich-„Taube“ Bauart A.II (Fd) 7230, Lizenzbau der Fischamender Flugzeugwerke.

Brandenburg B.I (Fd) 78.01 am Werkshof in Fischamend. Deutlich erkennbar ist das Doppelsteuer.

Wiener Karosserie- und Flugzeugfabrik (W.K.F.), Wien

Dieses Unternehmen wurde am 10. Juni 1913 unter der Bezeichnung „Wiener Karosseriefabrik W. Gutmann“ in das Wiener Handelsregister eingetragen. Der Sitz war in Wien 18, Schumanngasse 45. Dr. Wilhelm von Gutmann erzeugte zunächst Automobile und Karosserien. Der dringende Bedarf an Flugzeugen des Heeres war dafür verantwortlich, dass in Wien 10, Laxenburger Straße 131–135, ein neues Werk entstand. Gleichzeitig wurde im Oktober 1916 der Name in Wiener Karosserie- und Flugzeugfabrik (W.K.F.) geändert. In Hennersdorf legte die Werksführung sogar einen Flugplatz zum Einfliegen der Maschinen an.

Bis 1918 wurden Lizenzprodukte gefertigt: Lloyd C.II, C.III, C.IV und C.V, Knoller C.II, Aviatik Berg C.I und D.I. Erst Ende 1917 schuf der hauseigene Konstrukteur Ing. Alfred Gassner eigene Typen mit neuen Konstruktionsdetails wie sechseckigen Rümpfen mit furnierbeplankten Tragflächen. Die W.K.F. D.I war die einzige Jagdflugzeugserie der Firma und ein Spitzengerät. Sie kam jedoch nicht mehr zum Einsatz.

Aviatik Berg C.I (W.K.F.) 83.14 der Flik 23D am Flugfeld Gardolo. Besonderheit: ein doppelläufiges Fiat-Revelli-Beute-MG.

Lloyd C.V (W.K.F.) Ba 82 mit 220-PS-Benz-Flugmotor als Einsatzflugzeug.

W.K.F. D.I 85.04 mit 230-PS-Hiero-Flugmotor zur Demonstration am Flugfeld Hennersdorf, Werksflugfeld der Firma W.K.F. (Frontansicht). Pilot: Oberleutnant Feldpilot Richard von Mises.

W.K.F. D.I 85.04 mit 230-PS-Hiero-Flugmotor zur Demonstration am Flugfeld Hennersdorf, Werksflugfeld der Firma W.K.F. (Seitenansicht). Pilot: Oberleutnant Feldpilot Richard von Mises.

Mágyar Altálanos Gepgyár (M.A.G.), Budapest (Ungarische Allgemeine Maschinenfabrik AG)

Diese Firma stellte zunächst Austro-Daimler-Flugmotoren her. 1916 begann sie mit dem Zusammenbau und der Lizenzproduktion von Fokker-Flugzeugen, die in Österreich-Ungarn allerdings eigene Typenbezeichnungen erhielten. Ab 1917 wurde hier auch die Produktion von Aviatik-Berg-C.I-Kampf- und Aviatik-Berg-D.I-Jagdflugzeugen aufgenommen. Kurz vor dem Waffenstillstand wurde die Lizenzfertigung des ausgezeichneten deutschen Jagdeinsitzers Fokker D.VII begonnen. Es kam keine Maschine mehr an die Front.

Aviatik Berg D.I (Mag) 92.23 der Flik 7J.

Thöne & Fiala, Wien

Im Juni 1914 wurde in Wien 20, Engerthstraße 84–86, die Firma Thöne & Fiala gegründet. Anfangs war sie nur Zulieferer. Die eigenständige Produktion begann 1916 mit der Fertigung des Aufklärers und Schulflugzeuges Knoller B.I. Im Jahr 1918 bis zum Kriegsende lief dann das Jagdflugzeugprogramm Aviatik Berg D.I in Lizenz.

Aviatik Berg D.I (Th) 101.18 der Flik 31P am Flugfeld Levico. Fotoeinsitzerflugzeug.

Aviatik Berg D.I (Th) 101.01, Lizenzbau des Berg D.I bei Thöne & Fiala, am Flugfeld Aspern beim Einfliegen (Frontansicht).

Aviatik Berg D.I (Th) 101.01, Lizenzbau des Berg D.I bei Thöne & Fiala, am Flugfeld Aspern beim Einfliegen (Seitenansicht).

Aus dem Ausland angekaufte Flugzeuge

Die meisten Maschinen wurden aufgrund des Mangels an eigenen Flugzeugen vor allem in den Jahren 1914 und 1915 aus Deutschland bezogen, und zwar von den Firmen Albatros (Johannisthal), Aviatik (Mühlhausen), DFW (Deutsche Flugzeug Werke, Leipzig), Rumpler (Berlin), Fokker (Schwerin), Hansa- und Brandenburgische Flugzeugwerke AG (Briest, Hamburg und Rummelsburg), Friedrichshafen (hier wurden Bomber 1918 bestellt, aber nicht mehr ausgeliefert), Gotha aus einem L.V.G.-Lizenzbau (Johannisthal). Angetrieben wurden die Flugzeuge von Mercedes- und Oberursel-Motoren, die zum Teil durch heimisches Motorenmaterial ersetzt wurden. An erster Stelle bei den Flugzeuglieferungen stand Hansa-Brandenburg (bei den k. u. k. Luftfahrtruppen hieß das Flugzeug nur „Brandenburg"), gefolgt von Fokker.

Nach dem Friedensvertrag von Brest-Litowsk vom März 1918 bot der Eigentümer der Russischen Anatra Flugzeugwerke in Odessa der LFT mehrere Flugzeugtypen an. Im Mai 1918 wurden schließlich 200 Maschinen der Type Anatra DS (bei den Luftfahrtruppen als Anatra C.I bezeichnet) mit einem 150-PS-Salmson-R9-Sternmotor (wassergekühlt!) bestellt, die aus einer Vorkriegs-Aviatikkonstruktion heraus entwickelt worden war. Man hielt das Flugzeug für Ausbildungszwecke und den Luftpostverkehr für besonders geeignet. Bis Oktober 1918 konnten immerhin 66 Maschinen an die k. u. k. Luftfahrtruppen ausgeliefert werden.

Fokker A.II 03.03 Ba M5L mit 80-PS-Oberursel-Umlaufmotor, in Verwendung bei der Flik 8. Links im Bild: Oberleutnant Feldpilot Wedige von Froreich.

Fokker B.II 03.68 mit 80-PS-Oberursel-Umlaufmotor, Schulflugzeug der Flek 6 am Flugfeld Wiener Neustadt. Davor stehend Oberleutnant Feldpilot Leopold Urban.

Gotha G.IV (L.V.G.). Versuchsflugzeug für den k. u. k. Ankauf als Ba 08 bei der L.V.G. in Berlin Johannisthal.

Während des Krieges kamen auch einige „Exoten" bei den Luftfahrtruppen zum Einsatz. So wurden unter anderem zwei Blériot-Eindecker (Type IX, Schulflugzeug mit 60-PS-Gnome-Motor) verwendet. Auch eine französische Farman-Type wurde geflogen. Die Auslieferung von im September 1918 bestellten Fokker-D.VII-Jagdflugzeugen aus Deutschland kam aufgrund des Kriegsendes nicht mehr zustande. Im Oktober 1918 wurden zwei Halberstadt C.IX mit 230-PS-Hiero-Flugmotor nach Aspern geschickt; allerdings verliert sich dann deren Spur. Von der deutschen L.V.G. wurden zwei C.VI-Maschinen im Sommer 1918, eine davon mit einem 230-PS-Hiero-Motor, zur Begutachtung geliefert. Drei gepanzerte Schlachtflugzeuge Albatros J.I wurden im Deutschen Reich ohne Motor angekauft und mit ungarischen Lizenzbau-Benzmotoren geflogen. Ein Rumpler-C.VIII-Zweisitzer stand 1918 im Versuch und wurde mit einem 350-PS-Austro-Daimler-V-12-Motor getestet. Die Lieferung des deutschen Pfalz-D.XV-Jagdeinsitzers wurde ebenfalls vorbereitet.

Beuteflugzeuge (zuerst russische) unterzog man meist in Fischamend einer Untersuchung, wo ein Holzhangar speziell der „Beutegruppe" zur Verfügung gestellt worden war. Ab 1915 wurden an der italienischen Front einige Flugzeugtypen erbeutet und ein einzelner Caudron G3 sogar gegen Italien eingesetzt. Ein 1916 niedergegangener Caproni-Bomber (dreimotorig) wurde bei Aviatik rekonstruiert und im Flug in Aspern erprobt.

Als österreichisch-ungarische Truppen die Ukraine besetzten, nahmen sie viele russische Flugzeuge, die auf verschiedenen Flugplätzen zurückgelassen worden waren, in Besitz. Von der russischen und rumänischen Fliegertruppe wurden meist diverse Nieuport-Maschinen übernommen.

1918 konnten in Italien einige Sopwith F.1 Camel und zwei Bristol F.2B Fighter erbeutet werden; ein Sopwith und zwei Bristol wurden im Flug erprobt. Hier alle erbeuteten Marken aufzählen zu wollen, würde den Rahmen sprengen.

Was von den k. u. k. Luftfahrtruppen übrig blieb …

Lohner: Ein Knoller C.II, der 119.15 mit einem 160-PS-Daimler-Motor, „hängt“ im Technischen Museum in Prag. Dieses Schulflugzeug befand sich in Reparatur bei der Prager Firma AL-MA und wurde nach dem Krieg dem Museum übergeben. Bei einer Restaurierung anlässlich eines Museumsumbaus in den 1980er-Jahren wurde die originale Sechsecktarnlackierung (braun/beige/grün) durch eine neue in Blau/Grau ersetzt.

Albatros: Der allererste Albatros, der 20.01 der Bauart B.I, befindet sich heute im Heeresgeschichtlichen Museum in Wien. Der Rumpf wurde aus Deutschland geliefert, die Tragflächen in Wien gefertigt, und ursprünglich war ein 145-PS-Hiero-Motor eingebaut, der dann durch eine hölzerne Attrappe ersetzt wurde, die einem 160-PS-Motor nachempfunden war. Die Farbgebung entspricht dem damaligen Originalzustand.

Phönix: Ein Rumpffragment eines Brandenburg KD, des 28.68, ist im Luftfahrtmuseum in Kbely bei Prag erhalten geblieben. Das Heck und die Tragflächen fehlen, und der ursprünglich eingebaute 185-PS-Daimler-Motor wurde bei der Übersiedlung vom Prager Technischen Museum nach Kbely ausgebaut. Ein nicht passender 100-PS-Mercedes-Motor ist daneben ausgestellt. Ein Phönix D.III der letzten und modernsten Bauserie 222.100 mit einem originalen 200-PS-Hiero-Motor aus Österreich-Ungarn ist im Schwedischen Luftwaffenmuseum in Malmen erhalten geblieben. Der Jagdeinsitzer stammt aus der schwedischen Lizenzproduktion nach dem Krieg. Das Flugzeug ist komplett in Silber lackiert. Ein Brandenburg-C.I-Zweisitzer aus der Phönix-Produktion, der 29.41, ist in Wien als flugfähige Replika nachgebaut worden. Als Antrieb dient ein originaler 225-PS-Austro-Daimler-Motor. Bei Phönix waren im Krieg 40 Stück dieser Bauart produziert worden.

Lloyd: Der LS 1 mit Lloyd Flugzeugnummer 40.01 ist im Budapester Verkehrsmuseum ausgestellt. Die Type LS 1, das allererste Lloyd-Flugzeug, ist 1914 bei D.F.W. in Deutschland gebaut worden, absolvierte erste Kriegseinsätze in Albanien und wurde 1917 als kriegsunbrauchbar von Lloyd zurückgekauft und dem Museum übergeben. Es ist derzeit ein nicht originaler Vierzylindermotor eingebaut.

Phönix D.III als Museumsflugzeug (Nummer 947) in Schweden noch mit originalem Hiero-Motor.

Öffag: Originalflugzeuge der Österreichischen Flugzeugwerke in Wiener Neustadt blieben keine erhalten, aber zwei nach den Originalbauplänen nachgebaute Albatros (Öf) D.III sind in Wien gefertigt worden. Der erste mit Flugzeugnummer 253.01 ist nicht flugfähig und besitzt auch keinen Motor. Er ist derzeit in einem Automobilmuseum in Kärnten ausgestellt. Der zweite mit Flugzeugnummer 253.24 ist flugfähig nachgebaut worden; als Antrieb dient ein originaler 225-PS-Daimler-Motor. Der 253.24 ist bereits mehrmals geflogen und derzeit am Flugplatz Aigen im Ennstal untergestellt. Der D.III ist wie das historische Original lackiert und mit dem Staffelzeichen der Flik 51J, einem sechszackigen Stern, versehen. Er wurde damals auch von Oberleutnant der Reserve Ing. Benno Fiala Ritter von Fernbrugg, dem Kommandanten der Flik 51J, geflogen.

Ufag: Von der Ungarischen Flugzeugfabrik AG existiert kein Flugzeug mehr. Von den in großen Stückzahlen in Lizenz gebauten Brandenburg C.I ist ein Rumpfpanel mit der Flugzeugnummer 68.03 im Technischen Museum Leonardo da Vinci in Mailand erhalten geblieben. Dieser Überrest stammt von einem Luftsieg des erfolgreichsten italienischen Kampffliegers Major Francesco Baracca.

Brandenburg: Ein der Brandenburg B.I ähnelndes Flugzeug mit der zivilen Kennung H-MAHE ist im Ungarischen Verkehrsmuseum in Budapest ausgestellt. Die Herkunft lässt sich nicht mehr feststellen. Die Maschine war in den 1930er-Jahren mehrmals umgebaut worden.

Eine Aviatik Berg D.I aus der Lizenzproduktion der Wiener Flugzeugfabrik Thöne & Fiala mit der Flugzeugnummer 101.37 ist im Technischen Museum Wien ausgestellt, leider mit nicht mehr originalem Anstrich. Beim Umbau des Gebäudes wurde der Berg D.I restauriert, jedoch in falschen Grautönen lackiert.

Eine zweite Berg D.I mit der Flugzeugnummer 101.40 dürfte heute noch im Museum of Flight in Seattle ausgestellt sein. Die Maschine stammt ebenfalls aus der Thöne & Fiala-Fertigung. Original ist nur der Rumpf, der 1924 von Ing. Leopold Bauer beim Bau des Sportflugzeuges A9 (Type Bauer A1), weiterverwendet wurde. 1928 wurde es in einem Heuschober in Niederösterreich eingelagert und in den 1970er-Jahren von einem Flugzeugrestaurator entdeckt und in

Albatros D.III (Oef) 253.24. Originalgetreuer Nachbau (flugfähig), Aigen im Ennstal.

die USA gebracht. 1978 wurden im Champlin Fighter Museum die fehlenden Teile nachgebaut sowie ein originaler Austro-Daimler-Motor eingebaut. In weiterer Folge wurde das Flugzeug dann ausgestellt. Einige Nachbauteile entsprechen nicht mehr dem Original. Beim Verkauf der Champlin-Sammlung kam es nach Seattle.

Literatur

Banfield, Gottfried Baron von: Der Adler von Triest. Der letzte Maria-Theresien-Ritter erzählt sein Leben. Graz–Wien–Köln 1984.

FLUG Informationen. Geschichte – Technik – Forschung. Vereinszeitschrift Österreichisches Luftfahrt-Archiv.

Gabriel, Erich: Fliegen 90/71. Katalog. Ausstellung ab Mai 1971. 1. Militärluftfahrt und Luftabwehr in Österreich von 1890 bis 1971. Wien 1971.

Gabriel, Erich: Fliegen 90/71. 2. Fliegen im Ersten Weltkrieg: Gemälde und Zeichnungen, Wien 1971.

Grosz, Peter M.; Haddow, George; Schiemer, Peter: Austro-Hungarian Army Aircraft of World War One. Boulder 1993.

Keimel, Reinhard: Flugzeuge der österreichischen Firma Lohner 1909–1923. Wien 1990.

Keimel, Reinhard: Luftfahrzeugbau in Österreich. Von den Anfängen bis zur Gegenwart. Oberhaching 2003.

Meindl, Karl: Luftsiege der k. u. k. Luftfahrtruppen. Russische Front 1914–1916. Wien 2001.

Meindl, Karl: Luftsiege der k. u. k. Luftfahrtruppen. Rumänische Front 1916–1917. Wien 2001.

Meindl, Karl: Luftsiege der k. u. k. Luftfahrtruppen. Russische Front 1917–1918. Wien 2002.

Meindl, Karl: Luftsiege der k. u. k. Luftfahrtruppen. Italienische Front 1915–1916. Wien 2003.

Meindl, Karl: Luftsiege der k. u. k. Luftfahrtruppen. Italienische Front. 1. Teil. 1917. Band 5. Wien 2004.

Meindl, Karl: Luftsiege der k. u. k. Luftfahrtruppen. Italienische Front. 2. Teil. 1917. Band 6. Wien 2005.

Meindl, Karl: Luftsiege der k. u. k. Luftfahrtruppen. Italienische Front. 2. Teil. 1918. Band 8. Wien 2007.

Meindl, Karl; Schroeder, Walter; Tötschinger, Bernhard: Des Kaisers letzter Feldpilot. FP Oblt Othmar Wolfan und die Chronik der Fliegerkompanie 56J. Graz 1991.

Nachrichtenblatt der k. u. k. Luftstreitkräfte. 1917.

ÖFH-Nachrichten. Informationen der Österreichischen Flugzeug Historiker sowie deren Sonderhefte.

Pelz, Martin: Die Geschichte des Flugzeugbaus in Österreich von den Anfängen bis zu Gegenwart. Diplomarbeit. Wien 2001.

Peter, Ernst: Die k. u. k. Luftschiffer- und Fliegertruppe Österreich-Ungarn 1794–1919. Stuttgart 1981.

Schiemer, Peter: Die Albatros-(Oeffag)-Jagdflugzeuge der k. u. k. Luftfahrtruppen. Graz 1984.

Schupita, Peter: Die k. u. k. Seeflieger. Chronik und Dokumentation der österreichisch-ungarischen Marineluftwaffe 1911–1918. Koblenz 1983.

Steinböck, Erwin: Lohner zu Land, zu Wasser und in der Luft. Die Geschichte eines industriellen Familienunternehmens von 1823–1970. Graz 1982.

Steinböck, Erwin: Bewaffnung und Ausrüstung der österreichisch-ungarischen Flugzeuge. Graz 1983.